Моим любимым Авиве и Эвите.

Вы — мое вдохновение, моя радость и мои самые большие приключения.

Published by Calma books
ISBN: 978-989-33-7037-7
First Edition

This book is a work of fiction.
Any resemblance to actual persons, living or dead, events, or locations is purely coincidental.

For inquiries, please contact: annakalmykova.pt@gmail.com

Как живут жирафы

энциклопедия для детей с интересной историей

Анна Калмыкова

Раннее утро в бескрайней африканской саванне.

Слышны переливы птичьих голосов, смех гиен, фырканье антилоп и лай зебр.

Вдалеке трубит слон. Раскаленный воздух наполнен трещанием цикад и сверчков.

Молодая грациозная **Жирафа**, пожалуй, самая тихая в этом окружении. Да и поговорить ей не с кем, она мечтает встретить друзей. Другие обитатели саванны не понимают ее жирафий язык.

Кто друзья и соседи жирафов?

Антилопы и зебры, слоны и страусы, носороги и буйволы, газели, сурикаты, игуаны и обезьяны.

Почему у жирафов такая длиииииинная шея?

Именно шея делает жирафов такими особенными. Благодаря своей длинной шее жирафы такие высокие, что могут далеко-далеко видеть и заметив хищника вовремя убежать. Кроме того, с помощью шей самцы жирафов участвуют в соревнованиях – они качают своими шеями и тот, у кого шея сильнее и длиннее, становится победителем. И конечно же благодаря длинной шее жирафы дотягиваются до самых высоких листьев.

Что едят жирафы?

Самое любимое лакомство жирафов – листья акации. Но также жирафы едят цветы, почки и фрукты, если находят их на деревьях. Иногда щиплют траву и кустарники, но при столь высоком росте им это не очень удобно.

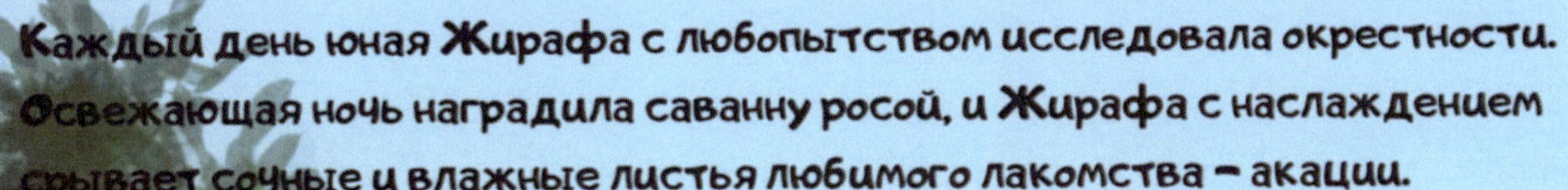

Каждый день юная **Жирафа** с любопытством исследовала окрестности. Освежающая ночь наградила саванну росой, и **Жирафа** с наслаждением срывает сочные и влажные листья любимого лакомства – акации.

Почему у жирафов такой длинный и фиолетовый язык?

Язык жирафа длиной около 50см помогает ему дотягиваться до самых высоких веток с самыми нежными и вкусными листьями. Он очень мускулистый и гибкий, поэтому может аккуратно маневрировать между колючими ветками, не повреждаясь. Темный цвет (от фиолетового до почти черного) защищает язык жирафа от солнечных ожогов.

Зачем жирафам рожки?

Рожки или оссиконы нужны жирафам чтобы выглядеть мило. Они имеют важные функции. Рожки помогают драться, а также снижать температуру тела в особенно жаркие дни.

Зачем жирафам хвост?

На конце хвоста жирафа есть кисточка из длинных волос. Размахивая этой кисточкой, жирафы защищаются от надоедливых мух и комаров.

Также движения хвоста могут отражать настроение жирафов – прямо как у собак.

Сколько пьет жираф?

За один раз жираф может выпить целых 15 литров воды – это примерно 50! обычных стаканов.
Но жираф пьет не каждый день.
В период засухи жираф может вообще не пить несколько недель, получая необходимую жидкость из сочных листьев.

Кто враги жирафа?

Враги жирафа – львы, гепарды, леопарды, гиены, крокодилы, а также браконьеры-охотники.

Когда солнце уже высоко поднимается над горизонтом, наступает зной, и животные отправляются на водопой.

Забавно и неуклюже жирафа склонилась над водоемом, чтобы напиться.

Только этого и ждала голодная львица – она затаилась в высокой траве и поджидала добычу.

Она со страшным рыком бросилась на жирафу!

Испугавшись, быстрее ветра юная Жарафа, антилопы и зебры помчались прочь от хитрой львицы. Сердце Жирафы бешено колотилось, дыхание становилось тяжелым и она начала терять силы. Казалось, что вот-вот львица настигнет свою добычу.

Как защищается жираф?
Главное оружие жирафа—его длинные и сильные ноги. Жирафы могут стремительным и точным ударом ноги победить хищника.
Кроме того, жирафы умеют очень быстро бегать. Издалека заметив хищника, они предусмотрительно убегают.

К большой удаче в этот момент Жирафа заметила вдалеке стадо слонов и сразу устремилась к этим большим и добрым животным. Почуяв угрозу, слоны начали махать своими огромными ушами и трубить хоботами.

Львица испугалась и, понуро опустив голову, скрылась в густых зарослях.

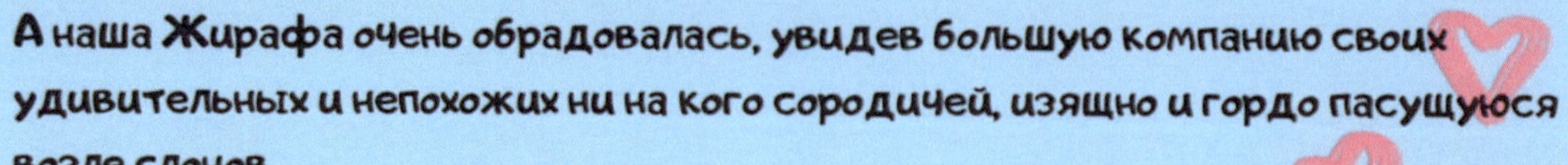

А наша **Жирафа** очень обрадовалась, увидев большую компанию своих удивительных и непохожих ни на кого сородичей, изящно и гордо пасущуюся возле слонов.

Виды и родственники жирафов.

Ученые выяснили, что существует четыре вида жирафов, которые внешне отличаются между собой формой и цветом пятен.

Ближайший родственник жирафа – окапи. У окапи полосатые ноги как у зебры и тело как у антилопы. Живут окапи тропических лесах в Африке.

Как живут жирафы?

Жирафы достаточно независимые животные. Они не живут в стабильных группах или стаях как, например, слоны или волки. Их обьединения больше похожи на свободные сообщества – жирафы легко могут покинуть стадо, а потом вернуться или присоединиться к другому. Стада жирафов образно называют "Башнями". Это название подчеркивает их величественный рост и то, как они красочно возвышаются над саванной.

Как разговаривают жирафы?

Жирафы только кажутся молчаливыми. На самом деле они очень общительны. Чтобы позвать маму, молодые жирафики мычат и блеют. Предупреждая об опасности, взрослые жирафы фыркают и сопят. Самцы жирафов могут рычать и хрюкать, особенно когда злятся. Кроме того, жирафы общаются на языке запахов, жестов и тела. Они часто касаются друг друга шеями и мордами – особенно мамы с малышами. А еще жирафы общаются на больших расстояниях при помощи инфразвука, не слышимого человеческим ухом.

День сменялся ночью, и Жирафа счастливо жила со своей новой семьей.
Что делает Жираф ночью?
По ночам жирафы более осторожны, но как и днем продолжают кормиться, передвигаться в поисках водоемов, а спят совсем немного.

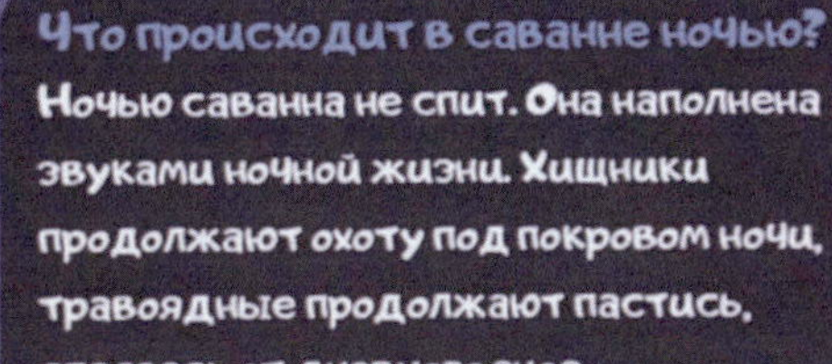

Что происходит в саванне ночью?

Ночью саванна не спит. Она наполнена звуками ночной жизни. Хищники продолжают охоту под покровом ночи, травоядные продолжают пастись, спасаясь от дневного зноя.

Как спит Жираф?

Жирафы спят очень мало – в дикой природе от 30 минут до 5 часов в день, но не подряд, а короткими промежутками по 5–10 минут. Чаще всего они дремлят стоя, чтобы быть готовыми быстро отреагировать на опасность. Крепче жирафы спят лежа, подвернув под себя ноги и опустив голову.

С тех пор **Жирафа** уже никогда не чувствовала себя одиноко, ведь через некоторое время у нее родился малыш **Жирафик**.

Как растут детеныши жирафов?
Малыши жирафов растут в животе у своих мам примерно 15 месяцев. Роды происходят стоя, что очень необычно, потому что малышам при рождении приходится падать с высоты 1,5 метров. Уже через 1 час после рождения малыши жирафов встают на ноги и следуют за своими мамами.

Что едят малыши жирафов?
Новорожденные жирафы пьют молоко своих мам примерно до возраста 1 года, но уже через несколько недель после рождения пробуют также траву и листья.

Как проходит детство жирафа?

Интересно, что мамы – жирафы часто организуют своего рода детские садики или ясли для своих детенышей. Обычно одна или две из мам остаются «няней» с группой детенышей, а другие мамы могут отойти на значительные расстояния в поисках пищи. Детеныши играют, отдыхают и пасутся рядом с друг другом под присмотром взрослого. Детеныши остаются с мамами до 1,5 лет, а потом присоединяются к другим группам молодых жирафов.

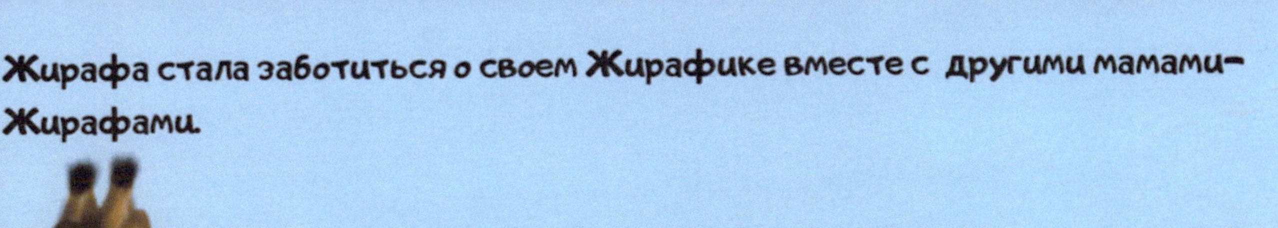
Жирафа стала заботиться о своем Жирафике вместе с другими мамами-Жирафами.

Зачем жирафу пятна?
Пятна делают жирафа неповторимым. Узор пятен как отпечатки пальцев человека – индивидуален у каждого жирафа. Пятна служат для жирафов маскировкой и помогают регулировать температуру тела.

А знаете ли вы?

Название «Жираф» происходит от арабского слова «Зарафа», что означает «изящный» или «грациозный». Много веков назад арабские купцы и путешественники привезли это название в Европу вместе с красочными рассказами о необычных животных.

Жирафы – самые высокие животные в мире. Рост взрослого жирафа от 4 до 6 метров – это примерно как 3 взрослых человека, стоящих друг на друге!

Оказывается, бывают и белые жирафы, но встречаются чрезвычайно редко, особо внимательно охраняются защитниками природы и исследуются учеными. Белый цвет делает жирафов более заметными для хищников и более уязвимыми для солнца. У таких жирафов темными остаются только глаза, в остальных частях тела окрас отсутствует. Это явление называется лейкизм.

За последние десятилетия численность жирафов на нашей планете значительно сократилась. Жирафы нуждаются в помощи и защите человека. Зоопарки и заповедники участвуют в программах разведения жирафов, и в некоторых случаях жирафов, рожденных в зоопарках, выпускают в природные заповедники. Ученые-исследователи и защитники природы борются против вырубки лесов, незаконной охоты, исследуют болезни жирафов и лечат их, рассказывают местным жителям как гармонично сосуществовать с жирафами для сохранения этих прекрасных животных.

В Кении и Танзании есть удивительные природные парки, где можно пожить в окружении жирафов. Они неспешно прогуливаются вокруг отеля, вытягивают изящные шеи и заглядывают своими добрыми глазами в окна в поисках угощений.

www.ingramcontent.com/pod-product-compliance
Ingram Content Group UK Ltd.
Pitfield, Milton Keynes, MK11 3LW, UK
UKRC032027290726
14090UKWH00008B/489

* 9 7 8 9 8 9 3 3 7 0 3 7 7 *